AF377352

DE
L'IMPOT
SUR
LES SUCCESSIONS

Par Achille BARDON

Du Droit, je veulx qu tu sçaches par
cœur les beaux textes et ne les
confères avecques philosophie.

Rabelais.— Lettre de Gargantua à
Pantagruel. Livre 2, Chapitre 8.

NIMES
TYPOGRAPHIE CLAVEL - BALLIVET ET Cie,
RUE PRADIER, 12.
1878

DE L'IMPOT

SUR LES SUCCESSIONS

PAR ACHILLE BARDON

DE L'IMPOT SUR LES SUCCESSIONS

Par Achille BARDON

Du Droit, je veulx qu tu sçaches par
cœur les beaux textes et ne les
eonfères avecques philosophie.

RABELAIS.— Lettre de Gargantua à
Pantagruel. Livre 2, Chapitre 8.

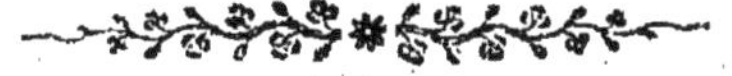

NIMES

TYPOGRAPHIE CLAVEL - BALLIVET ET Cie,
RUE PRADIER, 12.
1878

AVERTISSEMENT

—

A la demande de nos amis, nous réunissons ici quelques articles sur l'Impot des Successions, qui ont paru dans le Midi.

Leur lecture sera ainsi plus aisée.

Nous avons depuis longtemps l'intention de résumer en petits traits certaines questions financières.

Si ce premier essai reçoit un accueil sympathique, nous étudierons prochainement le timbre, la contribution foncière, etc., etc.

Les conditions particulières où nous sommes nous assurent quelque titre à l'indulgence pour les imperfections de toute nature qu'on y découvrira.

Achille BARDON.

DE

L'IMPOT

SUR

LES SUCCESSIONS

I

La théorie de l'impôt en général est bien simple. Les citoyens ont besoin de la protection de l'Etat, qui ne peut l'accorder qu'en lui en fournissant les moyens ; il y a donc obligation naturelle pour chacun de contribuer, en proportion de son avoir, aux dépenses d'utilité publique.

Tandis que les contributions directes sont les primes annuelles payées pour la jouissance tranquille, pour la garde des biens, le droit de mutation représente le salaire dû par l'héritier à la collectivité sociale qui lui garantit la transmission paisible du patrimoine d'un défunt.

Ainsi appliqué, l'impôt n'est point destructif de la propriété ; il en est la conséquence : on abandonne une portion de ses revenus pour s'assurer la jouissance du reste. Il n'y a pas antinomie entre les idées d'impôt et de propriété.

Ce serait faire injure à nos lecteurs de développer ici que le droit de propriété, attribut de la liberté humaine, n'est point le résultat d'une convention humaine ou d'une loi positive, qu'il dérive de la constitution même de notre être et de nos relations avec les objets qui nous entourent.

Les écrivains qui ont voulu considérer l'Etat comme seul propriétaire légitime, et les détenteurs actuels de biens comme des possesseurs dont l'investiture serait constamment révocable, n'ont eu aucun succès sérieux chez un peuple civilisé.

Evidemment la propriété, comme tout droit, subit des limites juridiques et des limites morales : le refus de l'impôt serait contraire à la loi de fraternité.

Est-elle aussi légitime lorsqu'elle est fondée sur la volonté de celui qui a fait le travail et qui en a attribué le produit à un autre ? Pascal, qui certes n'était pas un révolutionnaire, a jugé en ces termes le principe de l'hérédité :

« L'ordre des successions n'est fondé
» que sur la seule volonté des législateurs,
» qui ont pu avoir de bonnes raisons,

» mais dont aucune n'est prise d'un droit
» naturel. S'il leur avait plu d'ordonner
» que les biens, après avoir été possédés
» par le père durant sa vie, retourneraient
» à la République après sa mort, vous
» n'auriez aucun sujet de vous en plain-
» dre ».

Proudhon se montre au contraire plein de respect pour ce grand principe social.

Les économistes, les législateurs, les penseurs modernes proclament tous que le droit de succession est le corollaire du droit de propriété.

Nous renvoyons ceux qui auraient encore des doutes sur cette question, aux ouvrages d'Edouard Gans, Hegel, Bentham et John Stuart Mill.

En parcourant les législations successives de la race indo-européenne, en lisant le tableau des transformations de la famille aussi bien que de la propriété, ils reconnaîtront que la nature humaine a des règles qui semblent parfois fléchir sous certaines influences, mais que les causes absolues et nécessaires donnent la clé de tous les accidents sociaux.

Cette divergence de sentiments sur le droit d'hérédité fait pressentir une grande variété d'appréciations sur l'impôt qui l'atteint.

Voici d'abord deux catégories de personnes le supprimant complètement :

Les uns disent, comme Tacite : *Populus parens omnium* ; tous les hommes sont

frères. En conséquence, ils attribuent à
l'Etat la plus forte part de l'hérédité et
consentent à abandonner le surplus aux
héritiers, *sans redevance*! Quelle géné-
rosité !

Les autres, imbus des vieilles idées de
copropriété familiale, confondant la société
moderne avec la cité antique, considèrent
cet impôt comme une spoliation, par l'Etat,
de leur fortune la plus sacrée.

A part ces utopistes, un grand nombre
demande l'établissement de l'impôt unique
sur le capital, ou mieux encore sur le revenu, et la suppression de toutes les autres
contributions.

On ne peut nier que l'impôt unique sur
le revenu devrait être adopté, s'il était
praticable.

En 1878, il nous paraît un de ces *deside-
rata* que l'humanité doit poursuivre,
malgré ses difficultés immenses. Mais alors
que tous les économistes affirment la supé-
riorité de l'impôt indirect, laissons à d'autres nations le soin d'en tenter l'essai.
Pour nous qui avons une dette publique
énorme, qui avons emprunté en donnant
pour gaaanties les impôts anciens, il nous
sied d'être modestes, et de chercher à
améliorer ce qui existe plutôt que d'opérer
une réforme radicale dans notre législation
financière.

La tâche n'est point déjà si aisée.

On ne critique presque pas la contribution foncière; on bat au contraire en brèche

par mille moyens la loi fiscale des successions, sans égard pour son ancienneté. C'est d'abord parce que, généralement, il faut l'acquitter à un triste moment. La mort du chef de famille a entraîné une perturbation dans les bénéfices de la maison : les travaux se sont ralentis : n'importe, la taxe est échue.

Sans les soins de l'administration d'élite qui en opère le recouvrement, les imperfections de notre légilation sur ce point eussent été beaucoup plus sensibles.

Les employés, dans des ouvrages très-intéressants ont signalé les nombreuses défectuosités de cet impôt, et en continuant cette étude, nous profiterons largement de leurs idées.

II. — *Partie historique.*

On constate à regret, lorsqu'on examine les lois faites à ce sujet depuis un demi-siècle, que loin d'avoir été amélioré, cet impôt a été de plus mal en plus mal réparti.

Ainsi, dans l'ancien droit comme dans l'édit promulgué à l'aurore du dix-huitième siècle, les successions en ligne droite furent exemptes de cet impôt.

« La raison en est, dit Pothier, qu'entre
» parents à ce degré les personnes sont
» considérées comme n'en faisant qu'une ;

» on peut dire, en quelque façon, qu'il
» n'y a pas de mutation lorsqu'un enfant
» succède à son père, les pères n'ayant
» leurs biens que pour les transmettre à
» leurs enfants. »

La propriété mobilière ne payait rien.

Enfin, on déduisait les dettes. Seulement, les fermiers généraux, invoquant la fraude qui résultait de ce ce procédé, réussirent à faire disparaître cette sage mesure. Leur puissance était si grande, le tarif si minime, que ce mode d'opérer s'acclimata. Et voici sur quels principes ils appuyèrent leur prétention : toute transmission de propriété doit un droit proportionnel sur la valeur des biens transmis. Ce qui fait encourir l'impôt, ce n'est pas l'enrichissement du contribuable, c'est la transmission de la propriété. Peu importent les dettes du vendeur ou du mort ; son acquéreur, son héritier reçoivent une valeur intrinsèque de tant, qui forme seule la base imposable.

La Révolution supprima la faveur dont jouissaient les enfants à la mort de leurs auteurs et imposa légèrement les valeurs mobilières : cinq sous par cent francs. Même entre étrangers, la taxe n'atteignait pas le revenu annuel.

Lorsqu'on commença à imposer les meubles, la déduction des dettes fut réclamée. Lacoste, un des chefs de la Régie, Jousselin, au conseil des Anciens, soutinrent qu'on ne devait compter la fortune du défunt qu'après avoir distrait le passif. L'opinion contraire de Duchâtel et de Crétet prévalut : c'était du reste conforme au système général de la loi de l'an VII.

Les ministres de la Restauration préoccupés d'acquitter les dettes laissées par 25 ans de guerre et deux invasions, ne pouvaient songer à renverser les règles de perception si avantageuses au Trésor public. Le gouvernement de Juillet se contenta d'ajouter une injustice de plus dans l'assiette de l'impôt, en portant le tarif des successions entre collatéraux ou étrangers bien au-dessus du revenu annuel.

Malgré les principes de 1789, malgré la Charte proclamant que tous les Français devaient contribuer indistinctement dans la proportion de leur fortune aux charges publiques, les rentes sur l'Etat continuèrent à n'acquitter aucun droit de succession. En faveur de ce privilége qui a disparu heureusement en 1850, on invoquait les mêmes prétextes que les porteurs de la rente savent si habilement présenter chaque fois qu'il s'agit de grever d'un impôt quelconque leurs titres. Il n'est pas douteux, ce nous semble, pour tout homme juste, qu'un impôt sur le revenu de la rente doit exister, puisque celui sur sa transmission héréditaire n'a engendré aucun inconvénient.

La République de 1848, à son début, suivant un projet de Goudchaux, voulut dispenser de toute taxe les minimes successions en ligne directe et entre époux ; mais, pour combler le déficit ainsi causé dans les recettes du budget, les gros héritages auraient payé des redevances énormes. Pour en donner une idée, celui qui recevait d'un ami un legs d'un million en versait le cinquième (20 0|0), et le fils, pour l'héritage paternel d'une semblable importance aurait dû 60,000 fr.

Cette tentative d'impôt progressif souleva des récriminations terribles : Non content de comparer son auteur à Caracalla, on l'accusa d'avoir volontairement conçu une œuvre d'attaque contre la liberté, la propriété et la famille, pour flatter la populace.

Le ministre justifia en ces termes sa manière de voir :

« Les biens acquis par l'héritage ne sont
» point le fruit du travail et de l'intelli-
» gence de celui qui les recueille : il les doit
» au hasard de la naissance, au bonheur,
» parfois même au caprice des affections
» privées. Il est juste que l'héritier ou lé-
» gataire à qui la loi garantit la jouissance
» de ces bienfaits du sort, paye à l'Etat une
» redevance d'autant plus élevée que la li-
» béralité est plus importante »

Cette distinction entre la propriété personnelle et celle acquise par l'hérédité était plus que subtile.

En différenciant le taux de l'impôt d'après le degré de parenté, on introduit dans la loi un élément progressif suffisant. Ce n'est pas en effet sans hésitation qu'on doit taxer *dans des proportions inégales le même service* rendu, au moment du décès, par la société, à l'héritier qui est ou l'enfant, ou le frère, ou le cousin, ou l'ami du défunt.

Lorsque nous discuterons les tarifs, nous reviendrons sur cette question délicate.

Quel écœurement on éprouve en parcourant dans le *Moniteur* de 1849 la discussion de la proposition ministérielle.

On écarte la dispense du droit pour les sucessions de peu d'importance, *car les classe pauvres ne sentiraient pas ce soulagement* !!

On avait proposé, par un retour à l'ancienne loi, d'assimiler les parents éloignés à des étrangers: nouvel échec, parce qu'on ne devait pas sanctionner la tendance à oublier les liens de parenté.

Notre illustre compatriote, M. Crémieux, tonne contre cette législation barbare qui fait payer à une succession libre de dettes les mêmes droits qu'à celles dont le passif absorbe une grande partie de l'actif. Vains efforts: cette réforme était *impossible* !!!

Les futurs aventuriers de décembre, au lieu d'un dégrèvement, firent adopter, en 1850, une loi qui mettait les rentes sur l'Etat parmi les valeurs imposables, et qui tarifait également les meubles et les immeubles.

En Belgique, depuis 1816, le contribuable ne payait que sur son actif net. L'Italie, en 1862, s'était rangée au système belge.

Les grands hommes d'Etat du second Empire, aiguillonnés par l'opinion publique, eurent l'air, en 1861, de remettre la question de la distraction des dettes à l'étude.

Leur résolution était de déduire des immeubles les dettes hypothécaires soit conventionnelles, soit légales, et par compensation de liquider désormais non pas d'après l'ancien procédé, c'est-à dire sur le revenu capitalisé , mais sur la valeur vénale des biens.

Le Corps législatif refusa leur projet , sourd à toutes les enquêtes agricoles.

Et l'Empire s'effondra bientôt après, laissant à la France 10 milliards de plus de dettes à payer.

L'étude attentive des faits aide l'esprit humain à retrouver l'*ordre.*

Cicéron définit l'histoire : la lumière de la vérité. C'est pourquoi nous avons cru qu'un résumé des variations de cet impôt (au moins depuis Vauban jusqu'à Thiers) devait trouver place dans notre travail. Puissent nos lecteurs ne pas l'avoir considéré comme trop long.

III. — *Du Tarif.*

Reprenons maintenant un à un, avec les données de l'économie politique et de l'expérience chacun des problèmes que nous avons déjà rencontrés. Chaque science a sa philosophie : le droit fiscal a la science dont les principes sont l'objet de nos recherches. Et nous écrivons pour ceux qui voient dans un impôt autre chose que son produit et la facilité de sa perception.

Et d'abord, occupons-nous du tarif.

La société perçoit l'impôt sur les fruits de la propriété comme une prime d'assurance. Puisque les patrimoines jouissent d'une même garantie et supportent annuellement des contributions uniformes, leurs mutations par décès devront se régler *par un tarif unique, proportionnel à la valeur du patrimoine*

Le droit s'appliquant à *la chose*, peu importe que la personne qui hérite soit parente ou étrangère, riche ou pauvre, majeure ou mineure, noble ou roturière, valide ou infirme. Si une des qualités du nouveau possesseur doit influer sur le droit de mutation, pourquoi choisir la parenté comme préférable aux autres ? Pourquoi ne pas favoriser plutôt les enfants à cause de leur âge, les pauvres, afin de les secourir au début de la création de leur fortune ? On voit dans quel dédale s'égarerait la liquidation de l'impôt. Le principe de l'égalité de l'impôt pour toute mutation en ligne directe ascendante ou descendante, entre époux, entre collatéraux, entre étrangers est rationnel.

Quel doit en être le quantième ? D'après notre définition, la réponse est aisée. Il doit arriver au plus *au revenu* d'un an. Comme la contribution foncière ne cesse pas d'être exigible malgré le décès de son auteur, l'héritier, le successeur ne devra jamais avoir à payer pour le droit de succession que le 4 ou 5 0|0 au maximum.

D'après les chiffres du rendement actuel, le Trésor ne serait pas en perte, même en déduisant toutes les dettes, si la base du 5 0|0 s'appliquait à toutes les transmissions. La taxe moyenne actuelle est 4 0|0, d'après l'*Officiel*, et le passif héréditaire, par rapport à l'ensemble de l'actif, est d'un quart en plus.

On n'osera pas cependant adopter un système aussi simple, car il faudrait quintupler le taux actuel de la ligne directe, pour l'établissement duquel nos habitudes et nos mœurs ont opposé pendant si longtemps une grande résistance.

La nature a tellement lié les enfants à leurs auteurs, que ce droit passe encore chez certains pour une espèce de lésion morale.

Non seulement nous maintiendrions le tarif présent du père au fils, mais de plus, contrairement à la législation actuelle, les enfants naturels devraient être traités comme les enfants légitimes, car le père revit dans tous, et l'époux héritant de son conjoint rentrerait dans la même catégorie.

Cette double amélioration mettrait fin à beaucoup de donations cachées, à beaucoup de renonciations apparentes que suggère un tarif anti-naturel.

Ce n'est pas la loi fiscale qui doit punir les fautes du père, ce n'est pas elle non plus qui doit amoindrir le bénéfice des donations d'époux à époux reconnues sincères par le droit civil.

Les mutations en ligne directe ascendante sont trop rares pour les ranger à part des précédentes.

Les transmissions entre frères, sœurs, oncles, tantes, neveux, nièces et cousins germains, conformément à la norme acquitteraient une taxe de 5 0|0.

Enfin, reportant sur les successions qui se recueillent dans les degrés plus éloignés ce que l'on perd sur la ligne directe et la ligne collatérale privilégiée, nous leur appliquerions un tarif de 10 0|0 payable en 2 ans.

La classification actuelle des colla téraux en trois ou quatre catégories est puérile.

Le code civil, en n'admettant aucune réserve à leur profit, a bien marqué le changement survenu dans les idées modernes sur leur droit successif. Et l'on ne peut s'empêcher de sourire en voyant les parents du 12e degré venir réclamer contre l'exagération du tarif et accuser notre projet de méconnaître les lois de la nature.

A Rome, on n'héritait pas de la sœur de sa mère, de sa propre sœur utérine. Et cette exclusion des demi-frères existait encore en Normandie avant 1804. Le taux de 10 0|0 pour les cas où nous proposons de l'établir est peu supérieur au tarif en usage.

Ce n'est pas otre opinion serle que nous venons de transcrire. Plusieurs écrivains reconnaissent que tout collatéral qui hérite ayant un berceau, une éducation, un domicile indépendant, étant déjà pourvu d'un patrimoine, doit être traité plus durement pour le droit barsal.

« Moins la succession est naturelle. plus
» elle est une œuvre des conventions socia-
» les qui protégent la propriété, plus elle
» doit à la société, c'est-à-dire au fisc qui
» la représente. » (Thiers, sur la Propriété).

Quelques économistes ont cru devoir dans certains cas exiger de l'héritier une taxe supplémentaire ou moindre.

Ainsi doit-on, lorsque l'héritier est uni-que, percevoir un droit plus élevé en re-présentation de droits d'inventaire, de li-quidation, de partage qu'auront à acquitter les patrimoines échus à plusieurs ?

Doit-on, lorsqu'un enfant reçoit un pré-ciput, imposer particulièrement cette por-tion prélevée à son profit sur la part de ses frères et sœurs ?

Et inversement, convient-il d'exempter , comme en Belgique. les successions direc-tes et entre époux dans lesquelles la part de chaque ayant-droit, dettes déduites , est inférieure à 1,000 fr. ? Convient-il. comme en Angleterre , d'établir un tarif décroissant pour les grosses successions ? Que décider pour les patrimoines transmis deux ou trois fois dans un petit espace de temps par suite de morts successives des héritiers ?

Notre règle fondamentale nous oblige d'écarter toutes ces exceptions , quelles que soient les raisons plus ou moins plausibles qu'on invoque d'ordinaire en leur faveur. Nous avouons pourtant avoir vu le même héritage changer cinq fois de main en deux ans ! L'administration accorda heureusement un long délai pour liquider cette triste situation.

IV. — *De la valeur imposable.*

Après avoir déterminé le tarif, il convient d'examiner les valeurs imposables.

L'historique de l'impôt nous a indiqué les difficultés de la matière.

Faut-il assimiler les meubles aux immeubles et opérer la distraction des charges ? Le premier point a été tranché en 1850 d'après notre système, en adoptant pour tous les biens un tarif uniforme.

La fortune mobilière a un rendement égal, sinon supérieur à celui des immeubles.

Sa protection coûte davantage à l'Etat. A priori donc, la taxe y afférente doit être semblable, et même enflée. C'est , du reste, ce qui se passe : le créancier supporte le droit proportionnel sur l'intégralité de son capital ; le propriétaire, sur une terre valant 1,000 fr., louée en moyenne au trois pour cent, n'acquitte le droit que sur les trois quarts du bien.

Lorsque, dans les siècles antérieurs, le fisc dédaignait de s'en occuper, c'est qu'elle ne consistait qu'en meubles meublants non productifs de revenu.

Aujourd'hui encore, dans la pratique, l'évaluation du mobilier proprement dit est insignifiante. Seulement comme du plus riche jusqu'au plus indigent chacun fraude sur ce point, il y a égalité dans la répartition de l'impôt.

On observera enfin, que, grâce à la jurisprudence gracieuse de l'administration de l'enregistrement, les créances litigieuses ou irrécouvrables sont en fait dispensées de la taxe, et que les valeurs de bourse payent d'après le cours moyen, déduction faite des sommes à verser sur les titres non libérés, ce qui n'est ni plus ni moins que la perception sur l'actif net.

Pour anéantir toute fraude, certains jaloux des intérêts du Trésor voudraient que la loi fixât à un tantième pour cent la valeur du mobilier, ce mot étant ici pris avec l'acception vulgaire; d'autres ont proposé que l'évaluation fournie par la police d'assurances fît loi quand il en existe une.

Nous ne voyons pas une grande urgence à examiner ces propositions, à moins que la distraction des dettes ne dût amener une diminution trop sensible dans les recettes de l'impôt.

Il convient néanmoins de serrer de plus près l'étude de la valeur imposable.

Théoriquement, si l'impôt des successions doit être un prélèvement sur le revenu, comme ce dernier varie suivant la nature de chaque bien, le législateur serait obligé d'établir une classification entre les capitaux d'après le taux ordinaire de leur produit.

Malheureusement, la confection d'une semblable échelle paraît une œuvre irréalisable. A côté du revenu qu'on voit, dit Bastiat, il y a celui que l'on ne voit pas.

Ainsi l'argent qui ne produit rien, en admettant littéralement le principe ci-dessus, échapperait à la taxe. Et pourtant n'est-ce pas le premier bien que doit frapper le tarif ? Il est si facilement échangeable contre une valeur à revenu ! On peut affirmer que lorsqu'il dort dans une caisse, c'est que son détenteur trouve le cours des autres biens exagéré, et qu'il attend l'occasion, comme on dit vulgairement, de faire un bon coup.

De même point d'hésitation pour les fonds publics : ils se rapprochent tant du numéraire ! Chaque jour la Bourse donne leur valeur exacte. Mais à part ces sommets de l'échelle, à quel jalon classer chaque bien ?

Voici, par exemple, les placements hypothécaires : e crédit variable du débiteur, les vicissitudes du gage empêchent de les ranger dans la même catégorie que les biens dont nous parlions à l'instant. Quel économiste oserait les considérer comme des équivalents exacts en numéraire de leur importance nominale ?

Faudrait-il placer plus haut ou plus bas que les créances hypothécaires les capitaux engagés dans le commerce et l'industrie, dont les revenus diffèrent en proportion des risques qui les menacent.

En poursuivant cette revue des principaux biens, nous rencontrerions les terres qui subissent des transformations incessantes, les maisons dont l'appréciation est sûrement le problème le plus ardu.

On voit dans quel chaos se lancerait le législateur qui, pour déterminer la base imposable de chaque bien, irait emprunter aux économistes leurs distinctions entre le capital engagé, le capital fixe, le capital circulant, le capital-instrument, le capital-matière, etc., etc.....

L'équité parfaite dans la détermination de la valeur imposable est donc chimérique.

Saisissant les biens au moment fugitif de leur transmission, la loi en détermine la valeur *approximativement*, et constatons-le à regret, ce sont ceux dont le quantum serait vite indiqué qui se soustraient le plus souvent à ses tarifs.

Aussi la loi de frimaire, avec son laconisme profond, se contente de dire : *l'im-pôt est dû sur les valeurs.*

Par conséquent, un patrimoine comprend des outils, des meubles meublants, des marchandises : on percevra d'après leur estimation au jour du décès fournie par les intéressés, sauf contrôle.

Les créances ont une *valeur nominale* presque toujours égale à leur capital réel, voilà la base trouvée.

Il y a un *rapport quasi parfait* entre l'intérêt de l'argent et le revenu des immeubles.

En multipliant ce revenu par 20, on aura le capital imposable.

Le législateur confond ici un rapport accidentel avec le rapport nécessaire qui existera toujours entre le taux de l'intérêt et le prix courant de la propriété.

Sa base d'évaluation n'était pas très-loin de la vérité, il y a 50 ans.

La propriété mobilière ne comptait pas ; l'argent était moins abondant ; les détenteurs du sol craignaient une contre-révolution de la part de la noblesse et du clergé dépossédés de leurs immenses domaines. La terre, en un mot, avait peu de valeur relativement à son revenu.

A partir de 1816, à mesure que la sécurité s'est accrue, les défauts de ce calcul ont été très-apparents.

A quoi aboutit-on aujourd'hui même avec la capitalisation du revenu au denier vingt-cinq pour les terres ?

Celui qui recueille des bois, des terrains à bâtir, un château, peut dormir sur ses deux oreilles : il n'a pas à craindre d'expertise, quoiqu'il n'ait puisé le éléments du revenu déclaré *que dans sa conscience.* Ces mutations sont peu fréquentes, soit ; alors voyons ce qui se passe dans les cas les plus usuels.

Voici une terre de cent mille francs ; elle ne rapporte que le deux pour cent ; son propriétaire vient à mourir. L'héritier ne payera que sur cinquante mille francs. C'est là ce qui a lieu pour chaque transmission de la grande propriété rurale.

Répétons cet exemple sous une autre forme :

Cette terre appartient à un vieux célibataire qui, dans son testament, fait dix legs de 10,000 fr. Ils se réunissent pour vendre la propriété ; ils touchent intégralement le montant de leur legs ; le fisc ne peut percevoir que sur la moitié de leur enrichissement.

Sans doute l'impôt des successions ne doit être qu'un prélèvement sur le revenu; il est donc juste qu'à valeur égale, la propriété acquitte moins de droits que le numéraire qui échappe si souvent à la perception.

Seulement outre le revenu apparent, il y a le revenu latent. Si l'on examine la chose attentivement, on verra que le propriétaire trouve dans les diverses jouissances que lui procure son domaine un ample dédommagement à ce qu'il ne retire pas en fermage. En second lieu, à côté de la récolte annuelle, il y a, en France, l'augmentation constante de la valeur du sol.

Il importe maintenant de constater la situation inverse dans les villes. Soit à cause des non-locations, soit à cause des réparations, la rente atteint parfois le 7, le 8 0/0 de la valeur de la maison.

Que le propriétaire décède, l'administration, obligée de prendre pour base de sa perception le total des loyers courants, fait payer à l'héritier le droit sur une valeur bien supérieure au capital réel.

Ce serait bien pire s'il s'agissait d'un local affecté à une usine, loué peut-être au dixième de sa valeur.

En présence de cette violation du principe de l'égalité devant l'impôt, les meilleurs esprits ont cherché à traduire en fait pour les immeubles la règle générale : l'impôt est dû sur les valeurs.

M. Caron, qui partage en ce moment avec M. Liotard, notre cher initiateur en ces matières, le fardeau de l'inspection des bureaux de l'enregistrement à Paris, dans son remarquable projet de Code fiscal, afin de corriger ce vice, énonce comme indiscutables les deux propositions suivantes :

« *Deux immeubles de même valeur vé-*
» *nale, mais de revenus inégaux, doivent*
» *payer des droits différents;*

» *Deux immeubles de même revenu, mais*

» *d'inégale valeur vénale, ne doivent pas payer le même droit.*

En conséquence, il propose pour base une moyenne entre la valeur capitalisée et la valeur vénale réelle.

Pour la détermination exacte de ces deux facteurs, on n'emploierait que des documents irrécusables. Le savant réformateur reconnaît qu'on n'aurait pas une exactitude mathématique. Les immeubles ruraux paieraient sur une valeur peu inférieure à la réalité, tandis que les maisons supporteraient l'impôt sur un capital exagéré.

Un autre écrivain, très-distingué, partisan de la conservation du cadastre actuel, si défectueux qu'il soit, a proposé depuis longtemps d'établir dans chaque commune une commission composée en partie des conseillers municipaux, et en partie des agents du gouvernement tels que le percepteur, le contrôleur des contributions directes, le juge de paix, son greffier et autres, qui déterminerait la valeur vénale non pas de chaque parcelle, mais uniquement de chaque nature de terre par classe cadastrale dans tous les quartiers.

Cette expertise faite en *fort peu de temps* (c'est aussi notre opinion), créerait la moyenne de la valeur de chaque nature de terre ; la base de l'impôt, désormais *indépendante de la volonté de l'héritier*, se trouverait dans ces tableaux.

Quant aux maisons, on les laisserait sous

l'empire de la législation actuelle, parce qu'il n'y a pas possibilité de créer pour elles des moyennes.

Néanmoins, comme la propriété rurale est neuf fois plus considérable que la propriété bâtie, le problème serait résolu à un dixième près.

Les contractants n'ayant plus aucun intérêt à frauder, puisque la valeur imposable serait fixée par la loi, les actes fourniraient bientôt de nouvelles données permettant de réparer avec sûreté les errements d'un premier classement.

En Belgique, l'impôt est ainsi établi. Le gouvernement détermine périodiquement le rapport moyen du revenu cadastral à la valeur vénale pour chaque commune. Les héritiers qui, n'adoptant pas cette base, préfèrent établir eux-mêmes l'importance de leurs immeubles, sont seuls soumis à l'expertise et à une pénalité en cas d'insuffisance de leur évaluation. On a constaté que les contribuables, pour éviter tout ennui, choisissent la base administrative.

Nous venons de parler bien souvent du cadastre dont la confection a couté, dit-on, plus de cent trente millions.

A l'aspect de ce chiffre, on comprend les hésitations de l'Etat à recommencer cette dépense, qui absorberait juste le produit annuel du droit de succession. Pourtant, en présence de l'utilité qu'il en retirerait à une infinité de points de vue, la fantaisie nous a pris de fouiller ses origines, afin d'y trouver des arguments à opposer à ceux qui, ne voyant que son coût immédiat, ne songent pas aux profits futurs.

Quelles sont les personnes qui, en 1763, blamèrent l'édit du roi sur l'établissement d'un cadastre ? Celles qui devaient y perdre : les princes, la noblesse, le clergé.

En 1782, qui s'y opposait encore ? Le Parlement au nom des ordres privilégiés.

Sous la Restauration, le baron Louis faillit ne point triompher des gens qui ne ne voulaient plus ni de la conscription des terres, ni de celle des hommes.

Mais aujourd'hui on ne nous fera pas croire que certains intérêts privés puissent être assez forts, — la représentation nationale émanant du suffrage universel — pour empêcher le vote d'un nouveau cadastre, sa nécessité étant reconnue. Seulement, beaucoup se refusent à la révision du grand livre de la propriété immobilière, parce qu'ils ne sont pas convaincus qu'il ne s'agit que d'un travail de répartition équitable, sans aggravation pour leur budget individuel.

Quelques-uns, en outre, s'imaginent que la dépense serait immense. Or, répétons-le, ce n'est pas tout le cadastre qu'il faut refaire, c'est une sérieuse classification des terres et des maisons qui y figurent. On possède maintenant partout des experts habiles, des employés instruits, des documents sérieux. Il serait regrettable de ne pas en profiter.

Dans une partie du territoire français le cadastre seul fournit, en vertu d'une loi spéciale, les chiffres qui servent à la fixation de l'impôt des successions : c'est dans la Corse, qui a été le dernier département cadastré. Quelle simplicité admirable ! La même feuille permet de liquider aussi bien la contribution annuelle que le droit de mutation.

Mais se figure-t-on le même point de départ adopté demain en France, quand il y a des pays où l'impôt est du dix-huitième du revenu, et d'autres où il est du septième ? quand il y a des régions où des vignobles ne payant quasi rien produisent des revenus fantastiques ? quand il y a des prairies qui se vendent soixante mille francs l'hectare et qui ne se louent pas cent francs ? Nous avons les preuves en main.

Concluons par des aphorismes ce que nous venons de développer.

1. La perception doit s'opérer sur la valeur réelle, et non sur la valeur nominale.

2. L'évaluation des immeubles ne doit dépendre en rien du bon vouloir du redevable.

3. Il n'existe pas de capital improductif : il y a seulement des biens pour lesquels la fixation de leur importance par les parties, sauf contrôle, n'engendre pas de graves

inconvénients. Tels sont les meubles meublants, les bijoux, etc., etc...

4. Toutes les valeurs étrangères de quelque nature qu'elles soient, mobilières ou immobilières. doivent être imposées lorsqu'elles dépendent d'une succession régie par la loi française. Dans cette idée, certains biens qui ne peuvent être saisis même pour dettes envers l'Etat ; citons les principaux : les meubles indispensables à la vie, les livres, les outils qui servent à la profession de la famille, les menues denrées du ménage, la vache, la brebis, la chèvre, la cabane couverte de chaume qui abrite ces animaux et leur pauvre maître.

V.

Des charges et des dettes du patrimoine

§ 1. — DES LEGS.

Quelle que soit la variété des objets sur lesquels l'homme peut avoir des droits à exercer, ces objets, en tant que possédés par une personne déterminée et soumis au libre arbitre d'une volonté unique, ne constituent qu'un tout qu'on appelle son patrimoine.

Ce dernier est donc comme la personnalité, un et indivisible. N'ayant pas d'existence propre et indépendante, il ne saurait se comprendre détaché de la personne à laquelle il appartient.

A la mort du plus pauvre comme du plus riche, un patrimoine disparaît.

Mais autre est la perte du patrimoine, autre celle des biens qui s'y trouvent.

Les revenus du décédé vont accroître le revenu d'autrui.

De même, les obligations qui pesaient sur le mort, qui grevaient tout et chacun de ses biens se transmettent en bloc, avec l'actif, à ses héritiers.

En séparant les divers biens qui entraient dans la composition d'une valeur idéale, le patrimoine, en les considérant comme absolument distincts les uns des autres, ayant chacun leur valeur particulière, nous avons divisé ce qui ne l'était pas. C'est incontestable.

Mais, pour la facilité de l'impôt, nous avons transformé en son équivalent pécuniaire chaque objet de cette universalité, sans nous occuper du passif du decujus.

Or, outre les dettes qui grevaient les biens avant la mort de celui auquel ils appartenaient, des charges sont nées par suite de ce décès : nous voulons parler des legs particuliers contenus dans le testament du défunt. Examinons ce côté intéressant de notre sujet.

Le droit de mutation doit se régler sur l'importance nette des objets transmis, quelle que soit leur division entre les bénéficiaires, chacun ne devant l'impôt qu'au prorata de son émolument.

Pierre laisse à Paul son avoir consistant

en mille francs, à la charge de délivrer à Jacques deux cents francs; Paul payera sur 800 fr. et Jacques sur 200 fr.

Pierre institue Paul son héritier et lègue à l'hospice de sa ville natale une rente perpétuelle de dix francs. L'hospice payera sur 200 fr. et Paul sur 800.

Un individu meurt léguant à Paul tous ses biens à la charge de servir à Jacques une rente viagère; pour calculer les droits de Paul, on déduit de l'actif de la succession la valeur de la rente viagère.

Afin de prévenir tout conflit, la loi a même établi une base uniforme. Quel que soit l'âge du pensionnaire, elle ordonne de multiplier par dix le chiffre de la rente afin d'avoir son capital.

En Belgique, on varie le multiplicateur d'après la vie probable du rentier. C'est moins défectueux, et les compagnies d'assurances opèrent encore plus mathématiquement.

Ce qu'il importe de retenir, c'est que le législateur ne fait payer dans ces divers cas l'héritier que sur ce qu'il recueille, déduction faite du legs pour lequel il s'adresse au légataire.

§ 2. — DE L'USUFRUIT.

Pourquoi a-t-on opéré autrement dès qu'il s'est agi de la nue propriété et de l'usufruit ? La loi tarife la transmission de la nue propriété absolument comme la pleine propriété , et en outre elle exige de l'usufruitier un supplément tel qu'on paie en réalité sur une fois et demie la valeur des biens.

Cette bizarrerie est spéciale aux successions. Lorsque dans un acte de vente le vendeur cède la nue propriété à l'un et l'usufruit à l'autre, bien que la situation soit identique, la base imposable est simplement la valeur totale du bien transmis.

On trouverait peu de règle qui ait paru aussi choquante aux contribuables.

Elle se complique en effet de diverses erreurs économiques.

La plus saillante est d'attribuer à l'usufruit une valeur constante sans tenir compte de l'âge de celui qui le recueille, de telle sorte que le vieillard de 80 ans et le jeune homme acquittent le même droit.

Ainsi Pierre laisse à son neveu une maison de 20,000 fr. à la charge de n'en jouir qu'au décès de sa femme déjà avancée en âge.

Le neveu payera sur 20,000 fr., et la veuve sur la moitié de cette valeur.

On est surpris ensuite que celui qui ne recueille aucun revenu soit obligé de payer un impôt.

A-t-on des raisons plausibles à invoquer en faveur de cette manière d'opérer, surtout si, comme on l'a affirmé à la Chambre des députés en 1877, cela ne produit au

Trésor que 2 ou 3 millions par an ? Evidemment : il n'y a pas de mauvaise cause qui n'ait eu ses défenseurs.

Celui qui recueille la nue-propriété, a-t-on dit, aura sûrement plus tard l'usufruit; c'est donc une simple anticipation de payement. Il ne sera pas tracassé quand il entrera en jouissance! Heureux mortel, vous mourrez peut-être avant l'usufruitier, peu importe; afin de vous éviter un ennui dans 10 ou 15 ans, l'Etat va vous demander de suite une part de votre revenu *futur*.

Pour nous, la question est semblable à celle du legs d'une rente viagère.

Le nu-propriétaire recueille une valeur d'avenir ; l'usufruitier une valeur de jouissance.

Leur réunion constitue une unité bien facile à déterminer : le patrimoine du défunt, la pleine propriété de ses biens.

Est-ce que pour l'impôt foncier, il y a un supplément de taxe exigible dès que l'usufruit et la nue-propriété se trouvent séparés ?

Nous rejetons néanmoins l'idée, en grande faveur chez beaucoup de personnes, de ne demander l'impôt au nu-propriétaire qu'au moment de son entrée en jouissance.

Car du jour où la succession est ouverte, il a vu son patrimoine personnel augmenter dans une certaine proportion. Il peut convertir cette nue propriété en valeurs immédiatement productives ; en un mot il doit le droit de transmission, car celle-ci est un fait accompli.

Bien souvent, avec notre tarif, la nue propriété et l'usufruit appartiendront à la même catégorie.

Dans le cas contraire, l'Etat ne sera jamais autorisé, sous prétexte que le nu-propriétaire aura sûrement l'usufruit, à calculer le droit comme si ce dernier n'avait pas été détaché, n'en tenant compte que lorsqu'il y trouverait un avantage.

Quant à évaluer la valeur transmise héréditairement à chacun d'eux, c'est bien facile avec les tables de survie.

Il en existe, pour les deux sexes, pour les villes, pour la campagne. Elles suffisent aux compagnies d'assurances pour leurs combinaisons si importantes et si nombreuses ; on en fera de plus exactes encore quand l'Etat les commandera.

§ 3. — Des dettes.

Lorsque nous avons fixé au chapitre 3 les divers tarifs, nous avions pour objectif principal d'assurer la déduction des dettes sans nuire au budget, et dans les pages précédentes on a pressenti notre jugement.

Pendant un siècle, on a vainement soutenu que ce qui faisait encourir l'impôt, ce n'était pas l'enrichissement du contribuable, que les dettes du patrimoine ne regardaient point la Société qui enregistre uniquement un quasi-contrat d'après l'actif successif apparent transmis.

En présence du flot grandissant des réclamations contre cette théorie, on a battu en retraite. Aujourd'hui tous s'accordent à reconnaître que la déduction du passif n'est plus qu'une question d'opportunité, qu'un problème d'équilibre budgétaire.

La presse, les Chambres, l'administration rendant un verdict conforme à nos sentiments, nous nous épargnerons la peine de réfuter des préjugés disparus et de combattre des opposants en déroute.

Non, mille fois non, à capital égal, une succession obérée ne doit pas payer autant que celle qui ne l'est pas.

A côté du fait matériel de la transmission d'un bien, il faut rapprocher sa cause et ses effets.

Et maintenant, afin qu'on ne nous accuse pas de prendre la question par le petit bout, si l'on demande quelles sont les dettes qu'il faut déduire, nous répondrons : *toutes*, pourvu qu'il en soit justifié.

Ainsi un père laisse à son fils une fortune de cent mille francs à la charge de payer une dette égale. De quoi hérite le fils ?

A nos yeux, *de rien*. Elevé dans des sentiments d'honnêteté et de piété filiale, il consacrera son intelligence et son temps à liquider la situation. Par ses économies, son travail incessant, il arrivera à satisfaire les créanciers et à conserver le patrimoine paternel.

Peu importe, son père ne lui a réellement transmis qu'un bien à l'abri de tout impôt, celui que le laboureur de la fable légua à ses enfants.

D'argent point de caché. Mais le père fut sage
De leur montrer, avant sa mort,
Que le travail est un trésor.

Un principe si fondamental a besoin pourtant d'une réglementation.

A coup sûr, les dettes reconnues tardivement par le défunt au profit de ses héritiers ne rentreraient pas en ligne de compte.

Nous inscririons à regret dans la loi que les dettes dont la déduction sera admise seront réputées dues, et que les créanciers pourront se prévaloir des déclarations faites au Trésor.

L'admission des dettes chirographaires n'aurait lieu qu'avec précaution, celle des créances hypothécaires ne supporterait presque aucune restriction.

Pourquoi deux mesures ? parce que si vous établissiez d'après les registres déposés dans les bureaux de perception la statistique de la monnaie, des billets sous seing-privé, des marchandises qui circulent en France, vous ne trouveriez pas les mêmes chiffres que ceux qui devraient y figurer au vu des archives du ministère du commerce.

La fraction des biens de cette nature qu'on déclare est microscopique. Nous rougirions d'en accuser le montant.

Dans notre sommaire historique, nous avons averti que la déduction des dettes était admise dans les pays voisins. Nous n'y reviendrons pas. Nous devrions peut-être aussi traiter de certains cas où l'intérêt des mineurs solliciterait des adoucissements spéciaux de la loi commune.

En terminant ces deux chapitres de la valeur imposable, disons quelle sera sa solution dans un avenir éloigné :

On aura deux cadastres : l'un mobilier et l'autre immobilier. La confection du premier subira les phases déja connues du second. Leur établisssement mettra fin à bien des contradictions économiques.

VI.

De la sanction de la loi.

La crainte d'une peine assure le respect de la loi; l'homme ne sera jamais assez sage pour rendre inutile le Code pénal.

Seulement, chaque époque a une manière différente d'envisager les fautes et les châtiments qu'on doit leur appliquer.

Ainsi, quand l'Etat affermait les impôts, l'intérêt privé des fermiers généraux fit édicter des sanctions terribles.

Avant 1789, pour le moindre retard, on payait le triple droit ; pour une erreur, outre le triple droit, une amende de 300 livres.

Loin de chercher le remède dans une meilleure répartition de l'impôt, on augmentait les peines.

Sans doute, la crainte du châtiment supprime quelques hésitations entre la conscience et la bourse.

Néanmoins, la véritable intimidation se produit encore plus par la certitude qu'a le mal intentionné de ne pouvoir échapper à la découverte de sa faute. Or cette certitude ira toujours croissant dans notre pays.

La législation qui nous régit prévoit, soit le *retard* apporté à acquitter l'impôt, soit l'*erreur* dans les évaluations remises aux agents du trésor.

Pour la première faute, quelle qu'ait été la durée du retard, elle augmente de moitié le tarif ; elle le double dans le second cas.

Ainsi, elle punit davantage celui qui fait une déclaration erronnée que celui qui n'en a point fait du tout.

Qu'arrive-t-il ? On a recours au ministre.

En 1866, cinq mille personnes demandèrent un surcroît de délai, en considération du passif du patrimoine. Quant aux erreurs, aux omissions, aux insuffisances, d'autres motifs obligèrent le Trésor à user très-souvent d'indulgence.

Ce qui a toujours entraîné le gouvernement à accorder ces remises d'amendes, n'aurait aucune raison de subsister dans notre système qui admet la déduction du passif. Mais les insoumis, comment les punira-t-on ?

Dans une loi fiscale, la pénalité doit être d'abord la représentation du préjudice causé au Trésor.

Ce dernier n'est pas un créancier qui ne sache comment employer ses capitaux ; s'il est dur, c'est qu'on l'a été pour lui à certains moments.

En 1816, il voulut emprunter ; ou exigea le 10 0[0 ; depuis il a continué à s'endetter à des taux variés.

Réciproquement, en cas de retard, son débiteur lui doit des intérêts équivalents, environ 1 0[0 par mois.

Avec ce système, au bout de huit ans l'impôt n'aura pas encore doublé ; même vers l'époque de la prescription la pénalité sera relativement modérée.

Du reste, il sera bien rare que l'œil toujours ouvert de la régie n'ait pas découvert les héritiers négligents, avant que l'amende ait atteint trois fois et demie le droit principal.

Outre le retard, il y a d'autres contraventions.

Ainsi, vous déclarez être à un certain degré de parenté, vous estimez un objet bien au-dessous de sa valeur, vous *oubliez* une liasse de titres au porteur du défunt !

Dans ces occurrences diverses, il peut y avoir simple erreur ou intention frauduleuse.

Le législateur semble s'être placé à ce dernier point de vue lorsqu'il les a tarifées au double.

Pourtant l'ignorance en est autant cause que la volonté ; dans le doute, la peine édictée ci-dessus de un pour cent par mois nous paraît suffisante.

Ces omissions, ces mensongères évaluations deviendront bien moins fréquentes avec un mode de fixation légale de la valeur des immeubles ; les insuffisances, c'est-à-dire la fraude la plus répandue, disparaîtront.

Cependant , à côté du préjudice porté au Trésor, la fraude est une atteinte à la morale publique. –

Lorsqu'il serait prouvé d'une manière manifeste qu'il y a eu intention frauduleuse, la contravention serait déférée aux tribunaux correctionnels, qui infligeraient au délinquant une amende proportionnelle à sa position de fortune et aux circonstances.

Ce serait l'épée de Damoclès.

Il existe, en droit pénal, des axiômes que nous devons rappeler sommairement :

Les peines étant personnelles disparaissent à la mort du coupable.

Les lacunes au détriment du Trésor se compensent avec les erreurs préjudiciables aux déclarants.

Plus de droit de grâce avec ces inévitables abus.

Si nous n'avons aucune confiance dans les pénalités exagérées, disons-en la raison.

En 1871, le ministre affirma que, dans les ventes, la fraude coûtait au Trésor trente millions ; vite on décréta une amende colossale. Il arriva que plus la peine était exorbitante, plus grande devenait la fraude.

Enfin, au lieu des châtiments, nous préférons les moyens préventifs. Nous voudrions voir l'Etat faire composer pour chaque impôt de petits mementos indiquant clairement l'étendue des droits et des devoirs des contribuables, qu'on répandrait à profusion dans les écoles, dans les Bibliothèques communales, etc., etc.

Le précepteur du duc de Bourgogne lui dictait : *Il vaut mieux prévenir le mal que d'être réduit à le réprimer.* Suivons les conseils de Fénelon.

VII. — *De l'action du Trésor.*

Qui veut la fin veut les moyens. En d'autres termes, l'impôt ne doit pas offrir à ceux qu'il atteint la possibilité d'échapper à l'accomplissement des obligations qu'il prescrit.

Cet adage est exprimé nettement dans la loi : « La nation aura action sur le revenu des biens à déclarer, en *quelques mains qu'ils se trouvent.* »

Si le Conseil d'Etat avait maintenu à ce texte son interprétation naturelle, après avoir traité, soit du tarif, soit de la valeur imposable, il n'y aurait rien à solliciter en faveur de la nation pour la garantie de ses droits.

La jurisprudence nous oblige de formuler plus clairement en quoi doit consister l'action du Trésor ; nous ne dessinerons que les grandes lignes, le sujet demandant une attention pénible.

1° Le Trésor aura un privilége pour le paiement des droits de mutation par décès sur tous les fruits et revenus de la succession, nonobstant toute division des biens héréditaires entre les ayant-droit. Ce privilége prendra rang après celui de la contribution foncière et s'exercera de la même façon.

2° La même action existera à son profit sur les meubles de la succession.

3° Les immeubles héréditaires seront légalement hypothéqués.

Néanmoins l'administration seule appréciera les cas où elle devra requérir une inscription qui sera radiée sans frais au vu d'un certificat de déclaration.

4° Les droits de succession ne seront soumis qu'à la prescription trentenaire.

5° Toutes les polices d'assurances (vie, incendie, grêles , accidents) seront analysées sans frais au siége social, par les soins du Trésor qui utilisera leurs documents suivant des règlements spéciaux.

6° Lorsque le tarif applicable sera de 10 0|0, la déclaration devra avoir lieu dans le délai ordinaire de 6 mois, sauf à ne payer la moitié des droits qu'à l'expiration de 2 ans.

7° Les dettes dont la déduction sera admise seront réputées dues et les créanciers pourront se prévaloir de leur aveu.

C'est déjà un peu draconien. Mais nous n'admettons pas que les débiteurs soient dispensés de payer les dettes non déclarées. Il y aurait là violation du droit de propriété.

Avec ces 7 articles et deux ou trois autres conçus dans le même sens, la police sera assez bien faite pour ne pas laisser trop de sécurité aux mauvais payeurs.

VIII. CONCLUSION.

Si toutes les modifications proposées dans notre travail qui nous ont été suggérées soit par l'économie politique, soit par la morale, étaient adoptées, quelle en serait la résultante au point de vue du rendement de l'impôt ? Celui-ci produit, en 1878, 130 millions dont le quart provient des successions entre père et fils.

Principalement la déduction des dettes ne ferait-elle pas perdre au Trésor des sommes considérables ?

Hélas ! l'idée de nos malheurs récents et de notre triste situation financière ne nous a jamais abandonné.

Par l'élévation d'une partie du tarif, par les améliorations apportées dans l'assiette de l'impôt en matière immobilière, par les garanties nouvelles accordées au Trésor, nous avons cru compenser le déficit causé par la déduction du passif.

Quant à calculer mathématiquement le bénéfice ou la perte qu'amènerait l'ensemble de nos réformes , nous ne l'essayerons pas : le milieu où nous sommes placé, les données que nous possédons , sont trop insuffisants.

Du reste , voyez ce qui est arrivé lors de la création d'un impôt sur le revenu.

D'après les recherches du ministère, il devait produire quinze millions ; les calculs étaient de moitié trop faibles.

En somme , quel est le passif de la France ? que la dette hypothécaire soit de seize milliards (chiffre officiel), que l'autre dette soit moindre ou supérieure , c'est possible, mais il règne une grande incertitude chez tous les auteurs.

Celui-ci vous dit : il y a six milliards de numéraire ; son voisin l'accuse de se tromper de moitié.

Pour combien figurent dans le produit de l'impôt les meubles meublants, le numéraire, les obligations, les actions ? etc.

Quelle est la proportion entre les héritages recueillis par des mineurs et ceux échus à des majeurs ?

Que donnent au Trésor les petits patrimoines ?

Quel est le nombre des maisons habitées par leurs propriétaires et sans valeur locative ?

Ces relevés n'existent pas.

La statistique de cet impôt à l'étranger nous servirait encore à découvrir plusieurs lois harmoniques.

On commence à peine d'y travailler.

Adam Smith affirme qu'en Hollande les successions collatérales sont taxées depuis 5 jusqu'au 30 p. 0|0 de leur actif. Il serait curieux de savoir comment une population instruite et économe a admis et supporté un impôt si exagéré.

Ainsi donc c'est volontairement que nous n'avons pas comme beaucoup intercalé dans cette étude des monceaux de chiffres; il eût fallu, rien que pour contrôler ceux des autres auteurs, plus de temps , d'argent et de mérite que nous n'en avons.

Nous avons le respect de notre lecteur et nous comptons sur le sien, quand nous venons lui jurer qu'en notre âme et conscience d'après nos calculs, le rendement de l'impôt serait le même.

Une cause maintenant gagnée, c'est que l'on doit déduire les dettes ; pourtant il ne faut rien précipiter , aller lentement , et lorsque c'est nécessaire savoir attendre.

La ligne directe mérite d'être dégrevée la première. Mais l'important, c'est qu'à chaque génération, la loi de justice progresse.

Caligula, de passage à Lyon, jouait aux dés et perdait; il fait apporter les registres, marque pour la mort quelques-uns des Gaulois les plus imposés et gagne d'un seul coup 150 millions de drachmes !

Sous les Antonins, il y a un moment d'arrêt dans les exigences du fisc.

Puis viennent ces empereurs éphémères, d'autant plus tyrans que leur règne était plus court. Leur âpreté au gain ne connaîtrait plus d'entraves si les Gaulois la supportaient. Ils se révoltent. Lactance le contemporain de ces Bagaudes nous en dépeint les causes.

«Les agents du fisc mesuraient les champs par mottes de terre, on comptait les arbres, on ajoutait des années aux enfants, on en ôtait aux vieillards ; les hommes mourraient *et l'on n'en payait pas moins pour les morts.*

» Au IVe siècle, les peuples étaient broyés. Les Barbares renversent l'empire romain. Voilà le résumé de l'histoire ancienne.

» Les principaux compagnons d'armes des conquérants se mettent à refuser leur participation aux charges publiques ; la féodalité commence, tout devient matière à contributions pour le peuple.

» En vain quelques grands rois s'opposent à ce que les paysans soient considérés comme taillables et corvéables à merci ; leurs successeurs oublient ces sages conseils. Voilà tout le moyen-âge.

» Peu à peu les règles de l'équité se murmurent à l'oreille ; les philosophes, les économistes, les clairvoyants revendiquent hautement les droits de la nation que méconnaît la *monarchie absolue* de Louis XIV et Louis XV.

» La Révolution vient enfin proclamer les grands et immortels principes qui resteront la devise de la France.

Nimes, typ. Clavel-Ballivet et Cᵉ, rue Pradier, 12.